Speak in a Week® Essential Verbs Italian

Design and Layout by Allison Mason
Illustrations by Gary Currant
Published & Distributed by

Penton Overseas, Inc.
Carlsbad, CA

Speak in a Week®
Essential Verbs
Italian

Copyright © Penton Overseas, Inc., 2008

No part of this book may be reproduced, stored in a retrieval system, or transmitted in any form or means electronic, mechanical, photocopying, recording, or otherwise without prior written permission from Penton Overseas, Inc.

Published and distributed by Penton Overseas, Inc.,
1958 Kellogg Avenue, Carlsbad, CA 92008.
www.pentonoverseas.com

Contact publisher by phone at (800) 748-5804
or via email, info@pentonoverseas.com.

First printing 2008
ISBN 978-1-60379-047-5

Contents

Introduction 4

People Identifiers 5

Present Tense 7

Passato Prossimo 7

Imperfetto... 10

Future 10

-ARE Verbs 12

-ERE Verbs 112

-IRE Verbs... 184

Glossary 220

Benvenuti! Welcome to **Italian Essential Verbs**.
We hope you find the program helpful and easy.

In Italian, there are three types of verbs: **The root** + **ARE**, **ERE**, or **IRE**. For example, with the verb **parlare**, the root is **parl**, and the ending is **are**.

This makes up the infinitive or base verb.
In English, infinitives have the word **to** in front of them (**to** walk, **to** sleep, etc.). They don't specify who is doing the action or when– that's what conjugation is for.

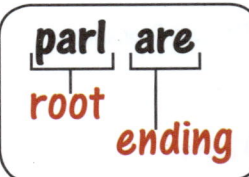

Our **Essential Verbs** program teaches you four of the most common verb conjugations for 101 key verbs in the Italian language: **Presente**, **Passato Prossimo**, **Imperfetto**, and **Futuro**.

If you are new to Italian, you'll first need to memorize the personal pronouns, words you can think of as **PEOPLE IDENTIFIERS**. The verb conjugation varies depending on who is doing the action.

People Identifiers

Essential Verbs provides complete conjugations for the **present**, **two past tenses** (**Passato Prossimo** and **Imperfetto**), and the **future**.

Before each verb section, common conjugation patterns are identified for verbs that have similar characteristics. You'll also find some IRREGULAR verbs.

Pay special attention to these verbs which are denoted by an asterisk (*).

These verbs do not follow any sort of pattern. You'll have to memorize those tricky guys one at a time.

Ready to ramp up your **italiano**?
Let's go learn verbs! **Andiamo a studiare i verbi!**

Presente

The **PRESENT TENSE**, **PRESENTE**, corresponds to three forms in English:

Io lavoro = I work
I am working
I do work

One of the easiest ways to remember verbs is to learn their patterns of conjugation. These patterns are explained before each verb section (-**ARE**, -**ERE**, and -**IRE**).

Passato Prossimo

One thing you must remember about the past tense, **PASSATO PROSSIMO**–

it is reserved for activities that are COMPLETELY FINISHED. You are referring to one specific occurrence (I **did**. I **ate** pie. I **slept**.), not something that you were doing in the past habitually or continually (I **used to**. I **was doing**.). For activities in the past that were ongoing or repeated, you use the IMPERFECT tense.

The **PASSATO PROSSIMO** is a compound tense. It is formed with the present tense of an AUXILIARY verb (either **AVERE** or **ESSERE**) plus the PAST PARTICIPLE of the verb. The past participle is formed by adding the appropriate ending to the infinitive stem.

It has three equivalents in English:

Io ho lavorato = I have worked
I worked
I did work

Using the helper verb: AVERE

AVERE means **to have** and is mainly used to form the **PASSATO PROSSIMO** of TRANSITIVE verbs.

io ho	I have
tu hai	you have
lui/lei/Lei ha	he/she has, you (formal singular) have
noi abbiamo	we have
voi avete	you all have
loro/ Loro hanno	they have, you all (formal) have

For example, with the verb **PRENDERE**:

io ho preso	I have taken/ took
noi abbiamo preso	We have taken/ took
loro hanno preso	They have taken/ took

Using the helper verb: ESSERE

ESSERE means **to be** and is mainly used to form the **PASSATO PROSSIMO** of INTRANSITIVE, REFLEXIVE, and RECIPROCAL verbs. The PAST PARTICIPLE after the verb **ESSERE** *agrees* in gender and number with the subject.

io sono	I am
tu sei	you are
lui/lei/Lei é	he/ she is, you (formal singular) are

noi siamo .... we are
voi siete .... you all are
loro/Loro sono .... they are, you all (formal) are

For example, the verb **ANDARE:**

io sono andato (masc. sing.)
   / **andata** (fem. sing.) .... I went/ have gone
noi siamo andati (masc. plur.)
   / **andate** (fem. plur.) .... we went/ have gone
loro sono andati (masc. plur.)
   / **andate** (fem. plur.) .... they went/ have gone

Imperfetto

The **IMPERFECT** tense, **IMPERFETTO**, is a past tense used for actions in the past that were ongoing or repeated. This tense has common endings for **-ARE**, **-ERE**, and **-IRE** verbs, which can be found before each verb section.

An easy way to distinguish the past tense, **PASSATO PROSSIMO**, and the imperfect tense, **IMPERFETTO**, is to think in English as I DID (**PASSATO PROSSIMO**) versus I USED TO or WAS DOING an action habitually (**IMPERFETTO**).

For example:
Io camminavo. . . . . I *was* walking.
Noi andavamo alla spiaggia ogni giorno. . . . . We *used to* go to the beach every day.

Futuro

The **FUTURE** tense, **FUTURO**, is used to talk about future actions. In English the future is usually expressed with the auxiliary **will** or with **to be going to**. In Italian the simple future tense consists of one word. The future is formed by dropping the final **-e** from the infinitive and adding the endings. In **-ARE** verbs, the **a** of the infinitive changes to **e**.

ARE Verbs

One of the easiest ways to remember verbs is to learn the PATTERNS that go along with conjugation. Let's look at the Italian patterns for the **ARE** verbs (i.e. **chiamare**, **lavare**, **sembrare**).

Most **ARE** verbs follow this pattern, however there are always exceptions to rules. These exceptions are denoted by an asterisk (*).

		Presente	Passato Prossimo	Imperfetto	Futuro
io	I	root + o	avere/essere, root + ato	root + avo	infin - e, make final 'a' an 'e' + ò
tu	you	root + i	avere/essere, root + ato	root + avi	infin - e, make final 'a' an 'e' + ai
lui/lei/Lei	he/she /you (formal)	root + a	avere/essere, root + ato	root + ava	infin - e, make final 'a' an 'e' + à
noi	we	root + iamo	avere/essere, root + ato	root + avamo	infin - e, make final 'a' an 'e' + emo
voi	you all	root + ate	avere/essere, root + ato	root + avate	infin - e, make final 'a' an 'e' + ete
loro/Loro	they/ you all (formal)	root + ano	avere/essere, root + ato	root + avano	infin - e, make final 'a' an 'e' + anno

Aiutare
To Help

Lui ha aiutato sua nonna ad attraversare la strada.
He helped his grandmother across the street.

To Help

	Presente	Passato Prossimo	Imperfetto	Futuro
io	aiuto	ho aiutato	aiutavo	aiuterò
tu	aiuti	hai aiutato	aiutavi	aiuterai
lui/lei/Lei	aiuta	ha aiutato	aiutava	aiuterà
noi	aiutiamo	abbiamo aiutato	aiutavamo	aiuteremo
voi	aiutate	avete aiutato	aiutavate	aiuterete
loro/Loro	aiutano	hanno aiutato	aiutavano	aiuteranno

EXAMPLE: Puoi aiutarmi ad uscire dalla macchina?
Can you help me out of the car?

Alzarsi
To Get Up

Lui si alza presto la mattina.
He gets up early each morning.

To Get Up

	Presente	Passato Prossimo	Imperfetto	Futuro
io	mi alzo	mi sono alzato/a	mi alzavo	mi alzerò
tu	ti alzi	ti sei alzato/a	ti alzavi	ti alzerai
lui/lei/Lei	si alza	si è alzato/a	si alzava	si alzerà
noi	ci alziamo	ci siamo alzato/a	ci alzavamo	ci alzeremo
voi	vi alzate	vi siete alzato/a	vi alzavate	vi alzerete
loro/Loro	si alzano	si sono alzato/a	si alzavano	si alzeranno

EXAMPLE: Roberto si alza alle 5 ogni mattina.
Roberto gets up out of bed every morning at 5 AM.

Amare
To Love

Amo moltissimo mia moglie.
I love my wife very much.

To Love

	Presente	Passato Prossimo	Imperfetto	Futuro
io	amo	ho amato	amavo	amerò
tu	ami	hai amato	amavi	amerai
lui/lei/Lei	ama	ha amato	amava	amerà
noi	amiamo	abbiamo amato	amavamo	ameremo
voi	amate	avete amato	amavate	amerete
loro/Loro	amano	hanno amato	amavano	ameranno

EXAMPLE: Amo tanto la mia famiglia che farei qualsiasi cosa per loro.
I love my family so much I would do anything for them.

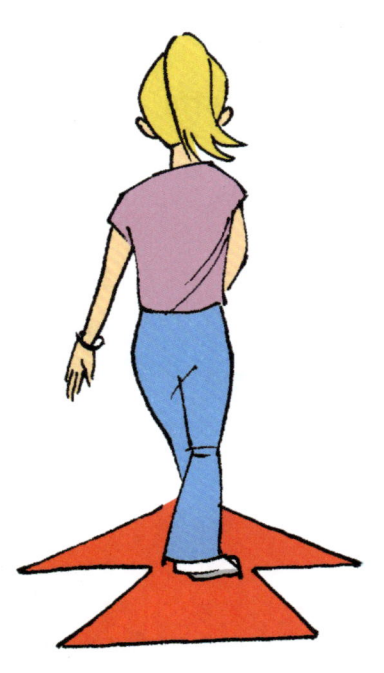

Andare *
To Go

Vado a scuola tutti i giorni.
I go to school every day.

To Go

	Presente	Passato Prossimo	Imperfetto	Futuro
io	vado	sono andato/a	andavo	andrò
tu	vai	sei andato/a	andavi	andrai
lui/lei/Lei	va	è andato/a	andava	andrà
noi	andiamo	siamo andati/e	andavamo	andremo
voi	andate	siete andati/e	andavate	andrete
loro/Loro	vanno	sono andati/e	andavano	andranno

EXAMPLE: Andrò a scuola domani.
I will be going to school tomorrow.

Arrivare
To Arrive

Sono arrivato a casa presto dal mio viaggio.
I arrived home early from my trip.

To Arrive

	Presente	Passato Prossimo	Imperfetto	Futuro
io	arrivo	sono arrivato/a	arrivavo	arriverò
tu	arrivi	sei arrivato/a	arrivavi	arriverai
lui/lei/Lei	arriva	è arrivato/a	arrivava	arriverà
noi	arriviamo	siamo arrivati/e	arrivavamo	arriveremo
voi	arrivate	siete arrivati/e	arrivavate	arriverete
loro/Loro	arrivano	sono arrivati/e	arrivavano	arriveranno

EXAMPLE: Il nostro aereo arriverà puntuale all'aereoporto
Our plane will arrive at the airport on time.

Ascoltare
To Listen

Ascolto i problemi dei miei amici.
I listen to my friend's problems.

To Listen

	Presente	Passato Prossimo	Imperfetto	Futuro
io	ascolto	ho ascoltato	ascoltavo	ascolterò
tu	ascolti	hai ascoltato	ascoltavi	ascolterai
lui/lei/Lei	ascolta	ha ascoltato	ascoltava	ascolterà
noi	ascoltiamo	abbiamo ascoltato	ascoltavamo	ascolteremo
voi	ascoltate	avete ascoltato	ascoltavate	ascolterete
loro/Loro	ascoltano	hanno ascoltato	ascoltavano	ascolteranno

EXAMPLE: Che tipo di musica ascolta?
What type of music do you listen to?

Cambiare
To Change

Mi cambio i vestiti prima di cena.
I change my clothes before dinner.

Cambiare

To Change

	Presente	Passato Prossimo	Imperfetto	Futuro
io	cambio	ho cambiato	cambiavo	cambierò
tu	cambi	hai cambiato	cambiavi	cambierai
lui/lei/Lei	cambia	ha cambiato	cambiava	cambierà
noi	cambiamo	abbiamo cambiato	cambiavamo	cambieremo
voi	cambiate	avete cambiato	cambiavate	cambierete
loro/Loro	cambiano	hanno cambiato	cambiavano	cambieranno

EXAMPLE: Dove posso cambiare questi dolari in euro?
Where can I change these dollars into euros?

Camminare
To Walk

Mi piace camminare in giro per la città.
I like to walk around the city.

To Walk

	Presente	Passato Prossimo	Imperfetto	Futuro
io	cammino	ho camminato	camminavo	camminerò
tu	cammini	hai camminato	camminavi	camminerai
lui/lei/Lei	cammina	ha camminato	camminava	camminerà
noi	camminiamo	abbiamo camminato	camminavamo	cammineremo
voi	camminate	avete camminato	camminavate	camminerete
loro/Loro	camminano	hanno camminato	camminavano	cammineranno

EXAMPLE: Camminerò per la strada.
I will walk down the street.

Cantare
To Sing

La cantante ha cantato la Carmen de Bizet.
The opera singer sang Bizet's Carmen.

To Sing

	Presente	Passato Prossimo	Imperfetto	Futuro
io	canto	ho cantato	cantavo	canterò
tu	canti	hai cantato	cantavi	canterai
lui/lei/Lei	canta	ha cantato	cantava	canterà
noi	cantiamo	abbiamo cantato	cantavamo	canteremo
voi	cantate	avete cantato	cantavate	canterete
loro/Loro	cantano	hanno cantato	cantavano	canteranno

EXAMPLE: Mia madre cantava per me, quando ero giovane.
My mother used to sing to me when I was young.

Cercare
To Look For

Cerco l'uccello blu sull'albero.
I look for the blue bird in the tree.

To Look For

	Presente	Passato Prossimo	Imperfetto	Futuro
io	cerco	ho cercato	cercavo	cercherò
tu	cerchi	hai cercato	cercavi	cercherai
lui/lei/Lei	cerca	ha cercato	cercava	cercherà
noi	cerchiamo	abbiamo cercato	cercavamo	cercheremo
voi	cercate	avete cercato	cercavate	cercherete
loro/Loro	cercano	hanno cercato	cercavano	cercheranno

EXAMPLE: Cerco una farmacia. Ce n'è una qui vicino?
I am looking for a pharmacy. Is there one near here?

Chiamare
To Call

Ho chiamato mia sorella per sapere come stava.
I called my sister to see how she was doing.

To Call

	Presente	Passato Prossimo	Imperfetto	Futuro
io	chiamo	ho chiamato	chiamavo	chiamerò
tu	chiami	hai chiamato	chiamavi	chiamerai
lui/lei/Lei	chiama	ha chiamato	chiamava	chiamerà
noi	chiamiamo	abbiamo chiamato	chiamavamo	chiameremo
voi	chiamate	avete chiamato	chiamavate	chiamerete
loro/Loro	chiamano	hanno chiamato	chiamavano	chiameranno

EXAMPLE: Puoi chiamare Johnny per la cena?
Can you call Johnny in for dinner?

Cominciare
To Begin

Il ragazzo ha cominciato la gara.
The boy started the race.

To Begin

	Presente	Passato Prossimo	Imperfetto	Futuro
io	comincio	ho cominciato	cominciavo	comincerò
tu	cominci	hai cominciato	cominciavi	comincerai
lui/lei/Lei	comincia	ha cominciato	cominciava	comincerà
noi	cominciamo	abbiamo cominciato	cominciavamo	cominceremo
voi	cominciate	avete cominciato	cominciavate	comincerete
loro/Loro	cominciano	hanno cominciato	cominciavano	cominceranno

EXAMPLE: Prima di cominciare a studiare, guardo la televisione.
Before I begin studying, I watch television.

	Presente	Passato Prossimo	Imperfetto	Futuro
io	compro	ho comprato	compravo	comprerò
tu	compri	hai comprato	compravi	comprerai
lui/lei/Lei	compra	ha comprato	comprava	comprerà
noi	compriamo	abbiamo comprato	compravamo	compreremo
voi	comprate	avete comprato	compravate	comprerete
loro/Loro	comprano	hanno comprato	compravano	compreranno

To Buy

EXAMPLE: Devo comprare dei fiori per la mia nonna malata.
I need to buy some flowers for my ill grandmother.

Costare
To Cost

Le riparazioni costano più del preventivo originale.
The repairs cost more than originally estimated.

To Cost

	Presente	Passato Prossimo	Imperfetto	Futuro
io	costo	sono costato/a	costavo	costerò
tu	costi	sei costato/a	costavi	costerai
lui/lei/Lei	costa	è costato/a	costava	costerà
noi	costiamo	siamo costati/e	costavamo	costeremo
voi	costate	siete costati/e	costavate	costerete
loro/Loro	costano	sono costati/e	costavano	costeranno

EXAMPLE: Questo anello di diamanti costa troppo.
This diamond ring costs too much.

Dare *
To Give

Ha dato un regalo a sua sorella per il compleanno.
He gave a present to his sister for her birthday.

To Give

	Presente	Passato Prossimo	Imperfetto	Futuro
io	do	ho dato	davo	darò
tu	dai	hai dato	davi	darai
lui/lei/Lei	dà	ha dato	dava	darà
noi	diamo	abbiamo dato	davamo	daremo
voi	date	avete dato	davate	darete
loro/Loro	danno	hanno dato	davano	daranno

EXAMPLE: Mi dará una ricevuta per quest'acquisto?
Will you give me a receipt for this purchase?

Dimenticare
To Forget

Lei ha dimenticato la combinazione del suo lucchetto.
She forgot the combination to her lock.

To Forget

	Presente	Passato Prossimo	Imperfetto	Futuro
io	dimentico	ho dimenticato	dimenticavo	dimenticherò
tu	dimentichi	hai dimenticato	dimenticavi	dimenticherai
lui/lei/Lei	dimentica	ha dimenticato	dimenticava	dimenticherà
noi	dimentichiamo	abbiamo dimenticato	dimenticavamo	dimenticheremo
voi	dimenticate	avete dimenticato	dimenticavate	dimenticherete
loro/Loro	dimenticano	hanno dimenticato	dimenticavano	dimenticheranno

EXAMPLE: Mi dispiace, ho dimenticato il suo nome.
I am so sorry, I forgot your name.

Domandare
To Ask

Lui domanda il significato di una parola in classe.
He asks for the meaning of a word in class.

To Ask

	Presente	Passato Prossimo	Imperfetto	Futuro
io	domando	ho domandato	domandavo	domanderò
tu	domandi	hai domandato	domandavi	domanderai
lui/lei/Lei	domanda	ha domandato	domandava	domanderà
noi	domandiamo	abbiamo domandato	domandavamo	domanderemo
voi	domandate	avete domandato	domandavate	domanderete
loro/Loro	domandano	hanno domandato	domandavano	domanderanno

EXAMPLE: Ho domandato al mio professore se potevo perdere la classe.
I asked my professor if it was okay to miss class.

Durare
To Last

Le piramidi sono durate per mille anni.
The pyramids have lasted for thousands of years.

To Last

	Presente	Passato Prossimo	Imperfetto	Futuro
io	duro	sono durato/a	duravo	durerò
tu	duri	sei durato/a	duravi	durerai
lui/lei/Lei	dura	è durato/a	durava	durerà
noi	duriamo	siamo durati/e	duravamo	dureremo
voi	durate	siete durati/e	duravate	durerete
loro/Loro	durano	sono durati/e	duravano	dureranno

EXAMPLE: Il volo é durato tre ore.
The flight lasted three hours.

Fare *
To Do/ Make

Lui ha fatto una casa per gli uccelli.
He made a bird house.

Fare *

To Do/Make

	Presente	Passato Prossimo	Imperfetto	Futuro
io	faccio	ho fatto	facevo	farò
tu	fai	hai fatto	facevi	farai
lui/lei/Lei	fa	ha fatto	faceva	farà
noi	facciamo	abbiamo fatto	facevamo	faremo
voi	fate	avete fatto	facevate	farete
loro/Loro	fanno	hanno fatto	facevano	faranno

EXAMPLE: Ho dovuto fare i biscotti per la nostra vendita di dolci.
I had to make cookies for our bake sale.

Fermare
To Stop

Il poliziotto ha fermato il traffico per far passare i pedoni.
The police man stopped traffic to let the pedestrians walk.

Fermare

To Stop

	Presente	Passato Prossimo	Imperfetto	Futuro
io	fermo	ho fermato	fermavo	fermerò
tu	fermi	hai fermato	fermavi	fermerai
lui/lei/Lei	ferma	ha fermato	fermava	fermerà
noi	fermiamo	abbiamo fermato	fermavamo	fermeremo
voi	fermate	avete fermato	fermavate	fermerete
loro/Loro	fermano	hanno fermato	fermavano	fermeranno

EXAMPLE: Tom ha fermato la macchina al lato della strada.
Tom stopped the car on the side of the road.

Giocare
To Play

Marco gioca con i suoi giocattoli.
Marco plays with his toys.

Giocare

To Play

	Presente	Passato Prossimo	Imperfetto	Futuro
io	gioco	ho giocato	giocavo	giocherò
tu	giochi	hai giocato	giocavi	giocherai
lui/lei/Lei	gioca	ha giocato	giocava	giocherà
noi	giochiamo	abbiamo giocato	giocavamo	giocheremo
voi	giocate	avete giocato	giocavate	giocherete
loro/Loro	giocano	hanno giocato	giocavano	giocheranno

EXAMPLE: Gli italiani giocano molto a calcio.
Italians play a lot of soccer.

Guardare
To Watch

Il ragazzo ha guardato la televisione tutto il giorno.
The boy watched the TV all day.

Guardare

To Watch

	Presente	Passato Prossimo	Imperfetto	Futuro
io	guardo	ho guardato	guardavo	guarderò
tu	guardi	hai guardato	guardavi	guarderai
lui/lei/Lei	guarda	ha guardato	guardava	guarderà
noi	guardiamo	abbiamo guardato	guardavamo	guarderemo
voi	guardate	avete guardato	guardavate	guarderete
loro/Loro	guardano	hanno guardato	guardavano	guarderanno

EXAMPLE: La coppia ha guardato il sorgere del sole.
The couple watched the sun come up.

Guidare
To Drive

Lei guida al lavoro la mattina.
She drives to work in the morning.

To Drive

	Presente	Passato Prossimo	Imperfetto	Futuro
io	guido	ho guidato	guidavo	guiderò
tu	guidi	hai guidato	guidavi	guiderai
lui/lei/Lei	guida	ha guidato	guidava	guiderà
noi	guidiamo	abbiamo guidato	guidavamo	guideremo
voi	guidate	avete guidato	guidavate	guiderete
loro/Loro	guidano	hanno guidato	guidavano	guideranno

EXAMPLE: Ha guidato fino alla spiaggia per vedere il tramonto.
He drove to the beach to see the sun set.

Imparare
To Learn

Il bambino impara a camminare.
The baby learns to walk.

Imparare

To Learn

	Presente	Passato Prossimo	Imperfetto	Futuro
io	imparo	ho imparato	imparavo	imparerò
tu	impari	hai imparato	imparavi	imparerai
lui/lei/Lei	impara	ha imparato	imparava	imparerà
noi	impariamo	abbiamo imparato	imparavamo	impareremo
voi	imparate	avete imparato	imparavate	imparerete
loro/Loro	imparano	hanno imparato	imparavano	impareranno

È difficile imparare un'altra lingua, ma ne vale la pena.
EXAMPLE: It is difficult to learn another language, but it is worth the effort.

Incontrare
To Meet

I due uomini d'affari si sono incontrati per pranzo.
The two businessmen met for lunch.

To Meet

	Presente	Passato Prossimo	Imperfetto	Futuro
io	incontro	ho incontrato	incontravo	incontrerò
tu	incontri	hai incontrato	incontravi	incontrerai
lui/lei/Lei	incontra	ha incontrato	incontrava	incontrerà
noi	incontriamo	abbiamo incontrato	incontravamo	incontreremo
voi	incontrate	avete incontrato	incontravate	incontrerete
loro/Loro	incontrano	hanno incontrato	incontravano	incontreranno

EXAMPLE: John e Sandy s'incontreranno al caffè.
John and Sandy will meet each other at the café.

Insegnare
To Teach

La professoressa insegna fisica.
The professor teaches physics.

Insegnare

To Teach

	Presente	Passato Prossimo	Imperfetto	Futuro
io	insegno	ho insegnato	insegnavo	insegnerò
tu	insegni	hai insegnato	insegnavi	insegnerai
lui/lei/Lei	insegna	ha insegnato	insegnava	insegnerà
noi	insegnamo	abbiamo insegnato	insegnavamo	insegneremo
voi	insegnate	avete insegnato	insegnavate	insegnerete
loro/Loro	insegnano	hanno insegnato	insegnavano	insegneranno

EXAMPLE: Può insegnarmi a cucinare gli spaghetti?
Could you teach me how to cook spaghetti?

Lasciare
To Let

Ti lascio giocare le bambino nella pozzanghera.
I will let the baby play in the puddle.

To Let

	Presente	Passato Prossimo	Imperfetto	Futuro
io	lascio	ho lasciato	lasciavo	lascerò
tu	lasci	hai lasciato	lasciavi	lascerai
lui/lei/Lei	lascia	ha lasciato	lasciava	lascerà
noi	lasciamo	abbiamo lasciato	lasciavamo	lasceremo
voi	lasciate	avete lasciato	lasciavate	lascerete
loro/Loro	lasciano	hanno lasciato	lasciavano	lasceranno

EXAMPLE: Ti lascio prendere la macchina stasera.
I will let you borrow the car tonight.

Lavare
To Wash

Laverò le finestre.
I will wash the windows.

To Wash

	Presente	Passato Prossimo	Imperfetto	Futuro
io	lavo	ho lavato	lavavo	laverò
tu	lavi	hai lavato	lavavi	laverai
lui/lei/Lei	lava	ha lavato	lavava	laverà
noi	laviamo	abbiamo lavato	lavavamo	laveremo
voi	lavate	avete lavato	lavavate	laverete
loro/Loro	lavano	hanno lavato	lavavano	laveranno

EXAMPLE: Cristoforo ha lavato i piatti.
Christopher washed the dishes.

Lavorare
To Work

Lui ha lavorato tutto il giorno in giardino.
He worked in the yard all day.

To Work

	Presente	Passato Prossimo	Imperfetto	Futuro
io	lavoro	ho lavorato	lavoravo	lavorerò
tu	lavori	hai lavorato	lavoravi	lavorerai
lui/lei/Lei	lavora	ha lavorato	lavorava	lavorerà
noi	lavoriamo	abbiamo lavorato	lavoravamo	lavoreremo
voi	lavorate	avete lavorato	lavoravate	lavorerete
loro/Loro	lavorano	hanno lavorato	lavoravano	lavoreranno

EXAMPLE: Devo lavorare alla mia macchina rotta.
I need to work on my broken car.

Mandare
To Send

Mando al mio amico un biglietto per il suo compleanno.
I sent my friend a birthday card.

Mandare

To Send

	Presente	Passato Prossimo	Imperfetto	Futuro
io	mando	ho mandato	mandavo	manderò
tu	mandi	hai mandato	mandavi	manderai
lui/lei/Lei	manda	ha mandato	mandava	manderà
noi	mandiamo	abbiamo mandato	mandavamo	manderemo
voi	mandate	avete mandato	mandavate	manderete
loro/Loro	mandano	hanno mandato	mandavano	manderanno

EXAMPLE: Caterina ha mandato un regalo alla nuova coppia.
Catherine sent a present to the new couple.

Mangiare
To Eat

Ho mangiato un panino imbottito per pranzo.
I ate a sandwich for lunch.

Mangiare

To Eat

	Presente	Passato Prossimo	Imperfetto	Futuro
io	mangio	ho mangiato	mangiavo	mangerò
tu	mangi	hai mangiato	mangiavi	mangerai
lui/lei/Lei	mangia	ha mangiato	mangiava	mangerà
noi	mangiamo	abbiamo mangiato	mangiavamo	mangeremo
voi	mangiate	avete mangiato	mangiavate	mangerete
loro/Loro	mangiano	hanno mangiato	mangiavano	mangeranno

EXAMPLE: Vuoi uscire a mangiare a pranzo?
Would you like to go out to eat lunch?

Nuotare
To Swim

Lui nuota da una parte all'altra del lago.
He swims across the lake.

To Swim

	Presente	Passato Prossimo	Imperfetto	Futuro
io	nuoto	ho nuotato	nuotavo	nuoterò
tu	nuoti	hai nuotato	nuotavi	nuoterai
lui/lei/Lei	nuota	ha nuotato	nuotava	nuoterà
noi	nuotiamo	abbiamo nuotato	nuotavamo	nuoteremo
voi	nuotate	avete nuotato	nuotavate	nuoterete
loro/Loro	nuotano	hanno nuotato	nuotavano	nuoteranno

EXAMPLE:

Lisa nuota nell'oceano.
Lisa swims in the ocean.

Ordinare

To Order/Arrange

Ho ordinato i birilli dopo aver tirato un colpo.
I arranged the pins after I bowled a strike.

To Order

	Presente	Passato Prossimo	Imperfetto	Futuro
io	ordino	ho ordinato	ordinavo	ordinerò
tu	ordini	hai ordinato	ordinavi	ordinerai
lui/lei/Lei	ordina	ha ordinato	ordinava	ordinerà
noi	ordiniamo	abbiamo ordinato	ordinavamo	ordineremo
voi	ordinate	avete ordinato	ordinavate	ordinerete
loro/Loro	ordinano	hanno ordinato	ordinavano	ordineranno

EXAMPLE: Julia ha ordinato del cibo da portare via.
Julia ordered some food to go.

Pagare
To Pay

Mi paghi in contanti, per favore.
Please pay me in cash.

To Pay

	Presente	Passato Prossimo	Imperfetto	Futuro
io	pago	ho pagato	pagavo	pagherò
tu	paghi	hai pagato	pagavi	pagherai
lui/lei/Lei	paga	ha pagato	pagava	pagherà
noi	paghiamo	abbiamo pagato	pagavamo	pagheremo
voi	pagate	avete pagato	pagavate	pagherete
loro/Loro	pagano	hanno pagato	pagavano	pagheranno

EXAMPLE: Daniele pagherà il conto alla cassa.
Daniel will pay the bill at the counter.

Pensare
To Think

Lei pensa al futuro.
She thinks about the future.

To Think

	Presente	Passato Prossimo	Imperfetto	Futuro
io	penso	ho pensato	pensavo	penserò
tu	pensi	hai pensato	pensavi	penserai
lui/lei/Lei	pensa	ha pensato	pensava	penserà
noi	pensiamo	abbiamo pensato	pensavamo	penseremo
voi	pensate	avete pensato	pensavate	penserete
loro/Loro	pensano	hanno pensato	pensavano	penseranno

EXAMPLE: Lei pensava che era una bella canzone.
She thought it was a beautiful song.

Perdonare
To Forgive

La madre ha perdonato il figlio per aver marinato la scuola.
The mother forgave her son for skipping school.

To Forgive

	Presente	Passato Prossimo	Imperfetto	Futuro
io	perdono	ho perdonato	perdonavo	perdonerò
tu	perdoni	hai perdonato	perdonavi	perdonerai
lui/lei/Lei	perdona	ha perdonato	perdonava	perdonerà
noi	perdoniamo	abbiamo perdonato	perdonavamo	perdoneremo
voi	perdonate	avete perdonato	perdonavate	perdonerete
loro/Loro	perdonano	hanno perdonato	perdonavano	perdoneranno

EXAMPLE: L'errore era mio, perdonami per favore.
It was my error, please forgive me.

Portare
To Bring

Il cane porta il giornale.
The dog brings in the newspaper.

To Bring

	Presente	Passato Prossimo	Imperfetto	Futuro
io	porto	ho portato	portavo	porterò
tu	porti	hai portato	portavi	porterai
lui/lei/Lei	porta	ha portato	portava	porterà
noi	portiamo	abbiamo portato	portavamo	porteremo
voi	portate	avete portato	portavate	porterete
loro/Loro	portano	hanno portato	portavano	porteranno

EXAMPLE: Puo' portarmi un tè freddo, per favore?
Could you bring me an iced tea, please?

Prestare
To Lend

Mi presterai quella chiave inglese?
Will you lend me that wrench?

To Lend

	Presente	Passato Prossimo	Imperfetto	Futuro
io	presto	ho prestato	prestavo	presterò
tu	presti	hai prestato	prestavi	presterai
lui/lei/Lei	presta	ha prestato	prestava	presterà
noi	prestiamo	abbiamo prestato	prestavamo	presteremo
voi	prestate	avete prestato	prestavate	presterete
loro/Loro	prestano	hanno prestato	prestavano	presteranno

EXAMPLE: Ti dispiace prestarmi dello zucchero?
Would you mind lending me some sugar?

Provare
To Try

Il ragazzo ha provato l'acqua prima di entrare.
The boy tried the water before he went in.

To Try

	Presente	Passato Prossimo	Imperfetto	Futuro
io	provo	ho provato	provavo	proverò
tu	provi	hai provato	provavi	proverai
lui/lei/Lei	prova	ha provato	provava	proverà
noi	proviamo	abbiamo provato	provavamo	proveremo
voi	provate	avete provato	provavate	proverete
loro/Loro	provano	hanno provato	provavano	proveranno

EXAMPLE: Andrea voleva provare tutti i piatti del menu.
Andrea wanted to try every dish on the menu.

Ricordare
To Remember

Ricordo dove ho messo la mia borsa dei libri!
I remember where I left my bookbag!

To Remember

	Presente	Passato Prossimo	Imperfetto	Futuro
io	ricordo	ho ricordato	ricordavo	ricorderò
tu	ricordi	hai ricordato	ricordavi	ricorderai
lui/lei/Lei	ricorda	ha ricordato	ricordava	ricorderà
noi	ricordiamo	abbiamo ricordato	ricordavamo	ricorderemo
voi	ricordate	avete ricordato	ricordavate	ricorderete
loro/Loro	ricordano	hanno ricordato	ricordavano	ricorderanno

EXAMPLE: Mi ricordo di te dalla scuola!
I remember you from school!

Riposare

To Rest

Ho dovuto riposare dopo la maratona.
I had to rest after the marathon.

To Rest

	Presente	Passato Prossimo	Imperfetto	Futuro
io	riposo	ho riposato	riposavo	riposerò
tu	riposi	hai riposato	riposavi	riposerai
lui/lei/Lei	riposa	ha riposato	riposava	riposerà
noi	riposiamo	abbiamo riposato	riposavamo	riposeremo
voi	riposate	avete riposato	riposavate	riposerete
loro/Loro	riposano	hanno riposato	riposavano	riposeranno

EXAMPLE: Giorgio aveva bisogno di riposare prima di andare al lavoro.
George needed to rest before he went on working.

Ritornare

To Return

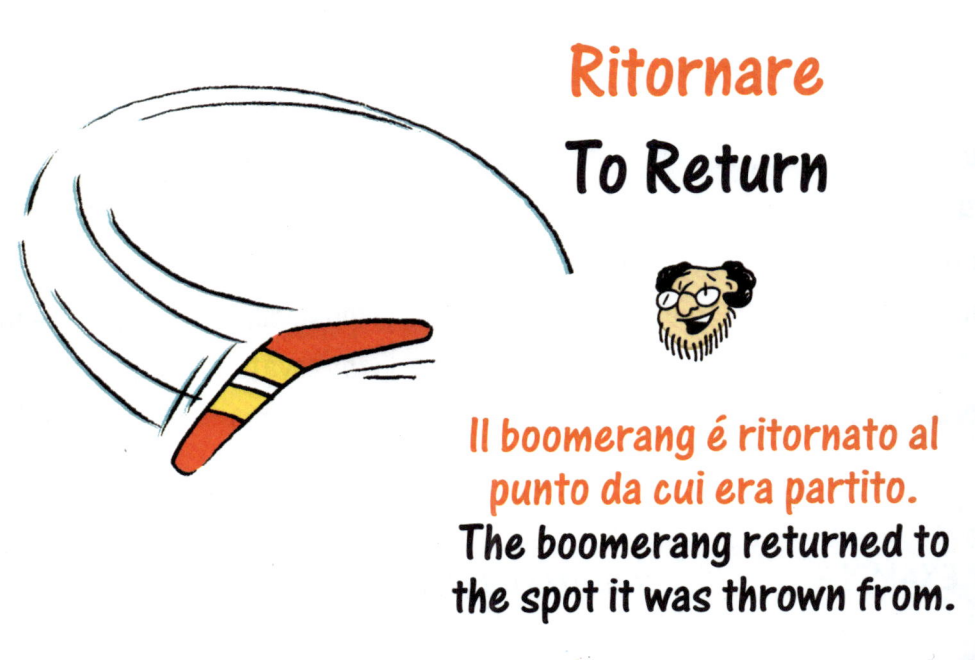

Il boomerang é ritornato al punto da cui era partito.
The boomerang returned to the spot it was thrown from.

To Return

	Presente	Passato Prossimo	Imperfetto	Futuro
io	ritorno	sono ritornato/a	ritornavo	ritornerò
tu	ritorni	sei ritornato/a	ritornavi	ritornerai
lui/lei/Lei	ritorna	è ritornato/a	ritornava	ritornerà
noi	ritorniamo	siamo ritornati/e	ritornavamo	ritorneremo
voi	ritornate	siete ritornati/e	ritornavate	ritornerete
loro/Loro	ritornano	sono ritornati/e	ritornavano	ritorneranno

EXAMPLE: Ritornerò dall'italia in inverno.
I will return from Italy in the winter.

Sembrare
To Seem

La città sembrava vera, benché fosse la scenografia di un teatro.

The town seemed real, even though it was a stage set.

To Seem

	Presente	Passato Prossimo	Imperfetto	Futuro
io	sembro	sono sembrato/a	sembravo	sembrerò
tu	sembri	sei sembrato/a	sembravi	sembrerai
lui/lei/Lei	sembra	è sembrato/a	sembrava	sembrerà
noi	sembriamo	siamo sembrati/e	sembravamo	sembreremo
voi	sembrate	siete sembrati/e	sembravate	sembrerete
loro/Loro	sembrano	sono sembrati/e	sembravano	sembreranno

EXAMPLE: Sembrava che le piacesse la cena.
She seemed to like dinner.

Sperare
To Hope

Spero di vincere la lotteria questa volta!
I hope I win the lottery this time!

To Hope

	Presente	Passato Prossimo	Imperfetto	Futuro
io	spero	ho sperato	speravo	spererò
tu	speri	hai sperato	speravi	spererai
lui/lei/Lei	spera	ha sperato	sperava	spererà
noi	speriamo	abbiamo sperato	speravamo	spereremo
voi	sperate	avete sperato	speravate	spererete
loro/Loro	sperano	hanno sperato	speravano	spereranno

EXAMPLE: Spero che tu abbia una vacanza meravigliosa!
I hope you have a great vacation!

Stare *
To Stay

Il cane stava fermo quando glielo si diceva.
The dog stayed when he was told to.

To Stay

	Presente	Passato Prossimo	Imperfetto	Futuro
io	sto	sono stato/a	stavo	starò
tu	stai	sei stato/a	stavi	starai
lui/lei/Lei	sta	è stato/a	stava	starà
noi	stiamo	siamo stati/e	stavamo	staremo
voi	state	siete stati/e	stavate	starete
loro/Loro	stanno	sono stati/e	stavano	staranno

EXAMPLE: Siamo stati alla festa per un'altra ora.
We stayed at the party for an extra hour.

Studiare
To Study

Giuseppe studia la storia di Firenze.
Joseph studies the history of Florence.

Studiare

To Study

	Presente	Passato Prossimo	Imperfetto	Futuro
io	studio	ho studiato	studiavo	studierò
tu	studi	hai studiato	studiavi	studierai
lui/lei/Lei	studia	ha studiato	studiava	studierà
noi	studiamo	abbiamo studiato	studiavamo	studieremo
voi	studiate	avete studiato	studiavate	studierete
loro/Loro	studiano	hanno studiato	studiavano	studieranno

EXAMPLE: Gloria deve studiare per il suo esame.
Gloria needs to study for her exam.

Suonare
To Play

io
tu
lui/lei/Lei
noi
voi
loro/Loro

Lei suona il piano molto bene.
She plays the piano very well.

To Play

	Presente	Passato Prossimo	Imperfetto	Futuro
io	suono	ho suonato	suonavo	suonerò
tu	suoni	hai suonato	suonavi	suonerai
lui/lei/Lei	suona	ha suonato	suonava	suonerà
noi	suoniamo	abbiamo suonato	suonavamo	suoneremo
voi	suonate	avete suonato	suonavate	suonerete
loro/Loro	suonano	hanno suonato	suonavano	suoneranno

EXAMPLE: Suonerò la radio in macchina.
I will play the radio in the car.

Tirare

To Pull

Arturo ha tirato la corda il più forte possibile.
Arturo pulled the rope as hard as he could.

To Pull

	Presente	Passato Prossimo	Imperfetto	Futuro
io	tiro	ho tirato	tiravo	tirerò
tu	tiri	hai tirato	tiravi	tirerai
lui/lei/Lei	tira	ha tirato	tirava	tirerà
noi	tiriamo	abbiamo tirato	tiravamo	tireremo
voi	tirate	avete tirato	tiravate	tirerete
loro/Loro	tirano	hanno tirato	tiravano	tireranno

EXAMPLE: Karen ha tirato vicino la ciotola delle fragole.
Karen pulled the bowl of strawberries toward herself.

Trattare
To Handle

L'uomo ha trattato la scatola con cautela.
The man handled the box carefully.

To Handle

	Presente	Passato Prossimo	Imperfetto	Futuro
io	tratto	ho trattato	trattavo	tratterò
tu	tratti	hai trattato	trattavi	tratterai
lui/lei/Lei	tratta	ha trattato	trattava	tratterà
noi	trattiamo	abbiamo trattato	trattavamo	tratteremo
voi	trattate	avete trattato	trattavate	tratterete
loro/Loro	trattano	hanno trattato	trattavano	tratteranno

EXAMPLE: È difficile trattare un cane non addestrato.
It is so hard to handle an untrained dog.

ERE Verbs

Like **ARE** verbs, **ERE** verbs (i.e. cadere, leggere, ridere) have a pattern which many follow.

Many **ERE** verbs follow this pattern, but make sure to memorize the IRREGULAR verbs, denoted by an **asterisk (*)**.

 ERE Verbs		Presente	Passato Prossimo	Imperfetto	Future
io	I	root + o	avere/essere, root + uto	root + evo	infin - e + ò
tu	you	root + i	avere/essere, root + uto	root + evi	infin - e + ai
lui/lei/Lei	he/she /you (formal)	root + e	avere/essere, root + uto	root + eva	infin - e + à
noi	we	root + iamo	avere/essere, root + uto	root + evamo	infin - e + emo
voi	you all	root + ete	avere/essere, root + uto	root + evate	infin - e + ete
loro/Loro	they/ you all (formal)	root + ono	avere/essere, root + uto	root + evano	infin - e + anno

Avere *
To Have

Ho una palla per la pallacanestro.
I have a ball for basketball.

Avere *

To Have

	Presente	Passato Prossimo	Imperfetto	Futuro
io	ho	ho avuto	avevo	avrò
tu	hai	hai avuto	avevi	avrai
lui/lei/Lei	ha	ha avuto	aveva	avrà
noi	abbiamo	abbiamo avuto	avevamo	avremo
voi	avete	avete avuto,	avevate	avrete
loro/Loro	hanno	hanno avuto	avevano	avranno

EXAMPLE: Non ha fratelli o sorelle?
Do you have any brothers or sisters?

Bere *
To Drink

Bevo 8 bicchieri d'acqua ogni giorno.
I drink 8 glasses of water each day.

Bere *

To Drink

	Presente	Passato Prossimo	Imperfetto	Futuro
io	bevo	ho bevuto	bevevo	berrò
tu	bevi	hai bevuto	bevevi	berrai
lui/lei/Lei	beve	ha bevuto	beveva	berrà
noi	beviamo	abbiamo bevuto	bevevamo	berremo
voi	bevete	avete bevuto	bevevate	berrete
loro/Loro	bevono	hanno bevuto	bevevano	berranno

EXAMPLE: Vorrebbe qualcosa da bere?
Would you like something to drink?

Cadere
To Fall

L'uomo é caduta dalla scala.
The man fell off the ladder.

To Fall

	Presente	Passato Prossimo	Imperfetto	Futuro
io	cado	sono caduto/a	cadevo	cadrò
tu	cadi	sei caduto/a	cadevi	cadrai
lui/lei/Lei	cade	è caduto/a	cadeva	cadrà
noi	cadiamo	siamo caduti/e	cadevamo	cadremo
voi	cadete	siete caduti/e	cadevate	cadrete
loro/Loro	cadono	sono caduti/e	cadevano	cadranno

EXAMPLE: Cerca di non cadere dalla scala!
Try not to fall off the ladder!

Chiedere *
To Ask

Ho chiesto soldi per il pranzo a mio padre.
I asked my father for lunch money.

To Ask

	Presente	Passato Prossimo	Imperfetto	Futuro
io	chiedo	ho chiesto	chiedevo	chiederò
tu	chiedi	hai chiesto	chiedevi	chiederai
lui/lei/Lei	chiede	ha chiesto	chiedeva	chiederà
noi	chiediamo	abbiamo chiesto	chiedevamo	chiederemo
voi	chiedete	avete chiesto	chiedevate	chiederete
loro/Loro	chiedono	hanno chiesto	chiedevano	chiederanno

EXAMPLE: Ho chiesto al mio professore se potevo perdere la classe.
I asked my professor if it was okay to miss class.

Chiudere *
To Close

Per favore, chiudi la porta sul davanti.
Please close the front door.

To Close

	Presente	Passato Prossimo	Imperfetto	Futuro
io	chiudo	ho chiuso	chiudevo	chiuderò
tu	chiudi	hai chiuso	chiudevi	chiuderai
lui/lei/Lei	chiude	ha chiuso	chiudeva	chiuderà
noi	chiudiamo	abbiamo chiuso	chiudevamo	chiuderemo
voi	chiudete	avete chiuso	chiudevate	chiuderete
loro/Loro	chiudono	hanno chiuso	chiudevano	chiuderanno

EXAMPLE: Bada di chiudere la porta del frigorifero!
Make sure to shut the refrigerator door!

Conoscere
To Know

Conosce mio fratello Alberto?
Do you know my brother Albert?

To Know

	Presente	Passato Prossimo	Imperfetto	Futuro
io	conosco	ho conosciuto	conoscevo	conoscerò
tu	conosci	hai conosciuto	conoscevi	conoscerai
lui/lei/Lei	conosce	ha conosciuto	conosceva	conoscerà
noi	conosciamo	abbiamo conosciuto	conoscevamo	conosceremo
voi	conoscete	avete conosciuto	conoscevate	conoscerete
loro/Loro	conoscono	hanno conosciuto	conoscevano	conosceranno

EXAMPLE: Come mai conosci mia cugina, Giselle?
How do you know my cousin, Giselle?

Correre *
To Run

Lei corre 5 chilometri ogni giorno.
She runs 5 kilometers each day.

To Run

	Presente	Passato Prossimo	Imperfetto	Futuro
io	corro	ho corso	correvo	correrò
tu	corri	hai corso	correvi	correrai
lui/lei/Lei	corre	ha corso	correva	correrà
noi	corriamo	abbiamo corso	correvamo	correremo
voi	correte	avete corso	correvate	correrete
loro/Loro	corrono	hanno corso	correvano	correranno

EXAMPLE: Cinzia ha dovuto correre per prendere il treno in tempo.
Cynthia had to run to catch her train on time.

Credere
To Believe

Antonio crede in Babbo Natale.
Anthony believes in Santa Claus.

To Believe

	Presente	Passato Prossimo	Imperfetto	Futuro
io	credo	ho creduto	credevo	crederò
tu	credi	hai creduto	credevi	crederai
lui/lei/Lei	crede	ha creduto	credeva	crederà
noi	crediamo	abbiamo creduto	credevamo	crederemo
voi	credete	avete creduto	credevate	crederete
loro/Loro	credono	hanno creduto	credevano	crederanno

EXAMPLE: È difficile credere che Elvis sia morto.
It is hard to believe that Elvis is dead.

Dipingere *
To Paint

L'artista ha dipinto un quadro astratto.
The artist painted an abstract painting.

To Paint

	Presente	Passato Prossimo	Imperfetto	Futuro
io	dipingo	ho dipinto	dipingevo	dipingerò
tu	dipingi	hai dipinto	dipingevi	dipingerai
lui/lei/Lei	dipinge	ha dipinto	dipingeva	dipingerà
noi	dipingiamo	abbiamo dipinto	dipingevamo	dipingeremo
voi	dipingete	avete dipinto	dipingevate	dipingerete
loro/Loro	dipingono	hanno dipinto	dipingevano	dipingeranno

EXAMPLE: Michelangelo sapeva dipingere molto bene, ma innanzitutto era uno scultore.
Michelangelo could paint very well, but he was a sculptor first.

Discutere *
To Discuss

Il presidente della compagnia ha discusso sugli utili con la sua direttrice delle vendite.

The president of the company discussed profits with her marketing director.

To Discuss

	Presente	Passato Prossimo	Imperfetto	Futuro
io	discuto	ho discusso	discutevo	discuterò
tu	discuti	hai discusso	discutevi	discuterai
lui/lei/Lei	discute	ha discusso	discuteva	discuterà
noi	discutiamo	abbiamo discusso	discutevamo	discuteremo
voi	discutete	avete discusso	discutevate	discuterete
loro/Loro	discutono	hanno discusso	discutevano	discuteranno

EXAMPLE: Discutiamo dei nostri piani per il fine settimana.
Let's discuss our plans for the weekend.

$$\begin{array}{r}25\\5{\overline{\smash{\big)}\,125}}\\-10\\\hline 25\\-25\\\hline 0\end{array}$$

Dividere *
To Divide

I bambini hanno imparato a dividere nella classe di matematica.
The children learned how to divide in math class.

To Divide

	Presente	Passato Prossimo	Imperfetto	Futuro
io	divido	ho diviso	dividevo	dividerò
tu	dividi	hai diviso	dividevi	dividerai
lui/lei/Lei	divide	ha diviso	divideva	dividerà
noi	dividiamo	abbiamo diviso	dividevamo	divideremo
voi	dividete	avete diviso	dividevate	dividerete
loro/Loro	dividono	hanno diviso	dividevano	divideranno

EXAMPLE: Abbiamo diviso la tortas in quattro porzioni.
We divided the cake into four portions.

Dovere *
To Have To

Devo mettere via i miei giocattoli altrimenti non avró il dessert.
I have to put my toys away or I don't get any dessert.

To Have To / Must

	Presente	Passato Prossimo	Imperfetto	Futuro
io	devo	ho dovuto	dovevo	dovrò
tu	devi	hai dovuto	dovevi	dovrai
lui/lei/Lei	deve	ha dovuto	doveva	dovrà
noi	dobbiamo	abbiamo dovuto	dovevamo	dovremo
voi	dovete	avete dovuto	dovevate	dovrete
loro/Loro	devono	hanno dovuto	dovevano	dovranno

EXAMPLE: Devi pulire la tua stanza prima di andare in qualsiasi posto.
You have to clean your room before you can go anywhere.

Essere *
To Be

Lei è molto malata.
She is very sick.

To Be

	Presente	Passato Prossimo	Imperfetto	Futuro
io	sono	sono stato/a	ero	sarò
tu	sei	sei stato/a	eri	sarai
lui/lei/Lei	è	è stato/a	era	sarà
noi	siamo	siamo stati/e	eravamo	saremo
voi	siete	siete stati/e	eravate	sarete
loro/Loro	sono	sono stati/e	erano	saranno

EXAMPLE: Mia figlia è un'eccellente chitarrista.
My daughter is an excellent guitarist.

Godere

To Enjoy

Lei gode ad ascoltare la radio.
She enjoys listening to the radio.

To Enjoy

	Presente	Passato Prossimo	Imperfetto	Futuro
io	godo	ho goduto	godevo	godrò
tu	godi	hai goduto	godevi	godrai
lui/lei/Lei	gode	ha goduto	godeva	godrà
noi	godiamo	abbiamo goduto	godevamo	godremo
voi	godete	avete goduto	godevate	godrete
loro/Loro	godono	hanno goduto	godevano	godranno

EXAMPLE: Mi sono veramente godo la partita di calcio, soprattutto perché la nostra squadra ha vinto.
I really enjoyed the soccer game, especially since our team won.

Leggere *
To Read

Papà legge il giornale ogni mattina.
Dad reads the paper every morning.

To Read

	Presente	Passato Prossimo	Imperfetto	Futuro
io	leggo	ho letto	leggevo	leggerò
tu	leggi	hai letto	leggevi	leggerai
lui/lei/Lei	legge	ha letto	leggeva	leggerà
noi	leggiamo	abbiamo letto	leggevamo	leggeremo
voi	leggete	avete letto	leggevate	leggerete
loro/Loro	leggono	hanno letto	leggevano	leggeranno

EXAMPLE: Ha letto questo libro?
Have you read this book?

To Put

	Presente	Passato Prossimo	Imperfetto	Futuro
io	metto	ho messo	mettevo	metterò
tu	metti	hai messo	mettevi	metterai
lui/lei/Lei	mette	ha messo	metteva	metterà
noi	mettiamo	abbiamo messo	mettevamo	metteremo
voi	mettete	avete messo	mettevate	metterete
loro/Loro	mettono	hanno messo	mettevano	metteranno

EXAMPLE: Joe ha messo la scatola sullo scaffale.
Joe put the box back on the shelf.

Perdere *
To Lose

Il pugilatore ha perso il round.
The boxer lost the round.

To Lose

	Presente	Passato Prossimo	Imperfetto	Futuro
io	perdo	ho perso	perdevo	perderò
tu	perdi	hai perso	perdevi	perderai
lui/lei/Lei	perde	ha perso	perdeva	perderà
noi	perdiamo	abbiamo perso	perdevamo	perderemo
voi	perdete	avete perso	perdevate	perderete
loro/Loro	perdono	hanno perso	perdevano	perderanno

EXAMPLE: Ho perso il mio portafoglio nel centro di Parigi.
I lost my wallet in downtown Paris.

Piacere *
To Like / To Please

A Sophia piace andare a fare le spese con le mie amiche.
Sophia likes to go shopping with my girlfriends.

To Like/To Please

	Presente	Passato Prossimo	Imperfetto	Futuro
io	piaccio	sono piaciuto/a	piacevo	piacerò
tu	piaci	sei piaciuto/a	piacevi	piacerai
lui/lei/Lei	piace	è piaciuto/a	piaceva	piacerà
noi	piacciamo	siamo piaciuti/e	piacevamo	piaceremo
voi	piacete	siete piaciuti/e	piacevate	piacerete
loro/Loro	piacciono	sono piaciuti/e	piacevano	piaceranno

EXAMPLE: Ai suoi cugini piacciono i biscotti con il latte.
Her cousins like cookies with milk.

Piangere *
To Cry

Piango, perché ho perso il mio cane.
I am crying because I lost my dog.

To Cry

	Presente	Passato Prossimo	Imperfetto	Futuro
io	piango	ho pianto	piangevo	piangerò
tu	piangi	hai pianto	piangevi	piangerai
lui/lei/Lei	piange	ha pianto	piangeva	piangerà
noi	piangiamo	abbiamo pianto	piangevamo	piangeremo
voi	piangete	avete pianto	piangevate	piangerete
loro/Loro	piangono	hanno pianto	piangevano	piangeranno

EXAMPLE: L'opera era così commovente che ho pianto.
The opera was so moving I cried.

Potere *
To Be Able To

Posso sollevare questi pesi pesanti.
I am able to lift these heavy weights.

To Be Able To

	Presente	Passato Prossimo	Imperfetto	Futuro
io	posso	ho potuto	potevo	potrò
tu	puoi	hai potuto	potevi	potrai
lui/lei/Lei	può	ha potuto	poteva	potrà
noi	possiamo	abbiamo potuto	potevamo	potremo
voi	potete	avete potuto	potevate	potrete
loro/Loro	possono	hanno potuto	potevano	potranno

EXAMPLE: Non posso correre, perché mi sono fatto male al ginocchio.
I am not able to run because I hurt my knee.

Prendere *
To Take

Lei ha preso molti alimentari al negozio.
She took the groceries from the store.

To Take

	Presente	Passato Prossimo	Imperfetto	Futuro
io	prendo	ho preso	prendevo	prenderò
tu	prendi	hai preso	prendevi	prenderai
lui/lei/Lei	prende	ha preso	prendeva	prenderà
noi	prendiamo	abbiamo preso	prendevamo	prenderemo
voi	prendete	avete preso	prendevate	prenderete
loro/Loro	prendono	hanno preso	prendevano	prenderanno

EXAMPLE: Prenderò la giacca perché fa freddo fuori.
I will take my jacket because it is cold out.

Ridere *
To Laugh

Il ragazzo ha riso alla barzelletta.
The boy laughed at the funny joke.

To Laugh

	Presente	Passato Prossimo	Imperfetto	Futuro
io	rido	ho riso	ridevo	riderò
tu	ridi	hai riso	ridevi	riderai
lui/lei/Lei	ride	ha riso	rideva	riderà
noi	ridiamo	abbiamo riso	ridevamo	rideremo
voi	ridete	avete riso	ridevate	riderete
loro/Loro	ridono	hanno riso	ridevano	rideranno

EXAMPLE: La sua barzelletta mi ha fatto ridere.
His joke really made me laugh.

Rompere *
To Break

Ho rotto la mia matita per la frustrazione.
I broke my pencil out of frustration.

To Break

	Presente	Passato Prossimo	Imperfetto	Futuro
io	rompo	ho rotto	rompevo	romperò
tu	rompi	hai rotto	rompevi	romperai
lui/lei/Lei	rompe	ha rotto	rompeva	romperà
noi	rompiamo	abbiamo rotto	rompevamo	romperemo
voi	rompete	avete rotto	rompevate	romperete
loro/Loro	rompono	hanno rotto	rompevano	romperanno

EXAMPLE: Ho rotto accidentalmente il bicchiere del vino.
I accidentally broke the wine glass.

Sapere *
To Know

So la risposta a quella domanda!
I know the answer to that question!

To Know

	Presente	Passato Prossimo	Imperfetto	Futuro
io	so	ho saputo	sapevo	saprò
tu	sai	hai saputo	sapevi	saprai
lui/lei/Lei	sa	ha saputo	sapeva	saprà
noi	sappiamo	abbiamo saputo	sapevamo	sapremo
voi	sapete	avete saputo	sapevate	saprete
loro/Loro	scrivo	hanno saputo	sapevano	sapranno

EXAMPLE: Sai guidare una macchina con le marce?
Do you know how to drive a manual car?

Scegliere *
To Choose

Ho scelto la seconda mela, perché era più grande.
I chose the second apple because it was bigger.

To Choose

	Presente	Passato Prossimo	Imperfetto	Futuro
io	scelgo	ho scelto	sceglievo	sceglierò
tu	scegli	hai scelto	sceglievi	sceglierai
lui/lei/Lei	sceglie	ha scelto	sceglieva	sceglierà
noi	scegliamo	abbiamo scelto	sceglievamo	sceglieremo
voi	scegliete	avete scelto	sceglievate	sceglierete
loro/Loro	scelgono	hanno scelto	sceglievano	sceglieranno

EXAMPLE: Quando hanno chiesto di scegliere un gusto di gelato, tutti hanno scelto lo stesso.
When asked to pick an ice cream flavor, they all chose the same one.

Scendere *
To Go Down

Ho usato l'ascensore per scendere al terzo piano.
I used the elevator to go down to the 3rd floor.

To Go Down

	Presente	Passato Prossimo	Imperfetto	Futuro
io	scendo	sono sceso/a	scendevo	scenderò
tu	scendi	sei sceso/a	scendevi	scenderai
lui/lei/Lei	scende	è sceso/a	scendeva	scenderà
noi	scendiamo	siamo scesi/e	scendevamo	scenderemo
voi	scendete	siete scesi/e	scendevate	scenderete
loro/Loro	scendono	sono scesi/e	scendevano	scenderanno

EXAMPLE: L'ascensore è rotto e così devo scendere dalle scale.
The elevator is broken so I need to go down the stairs.

Scrivere *
To Write

Ho scritto una poesia per te.
I wrote a poem for you.

Scrivere *

To Write

	Presente	Passato Prossimo	Imperfetto	Futuro
io	scrivo	ho scritto	scrivevo	scriverò
tu	scrivi	hai scritto	scrivevi	scriverai
lui/lei/Lei	scrive	ha scritto	scriveva	scriverà
noi	scriviamo	abbiamo scritto	scrivevamo	scriveremo
voi	scrivete	avete scritto	scrivevate	scriverete
loro/Loro	scrivono	hanno scritto	scrivevano	scriveranno

EXAMPLE: Mio padre ha scritto una lettera al direttore.
My father wrote a letter to the manager.

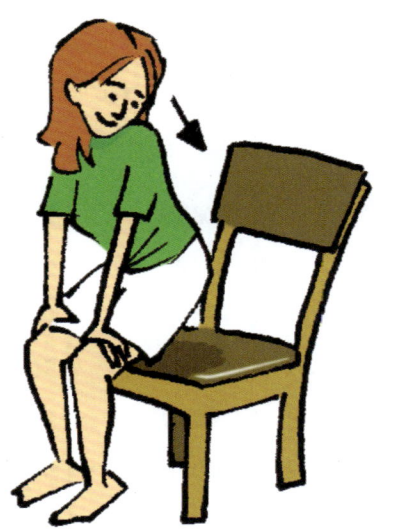

Sedersi *
To Sit Down

Mi siederò su questa sedia e mi rilasserò.
I will sit down in this chair and relax.

*Sedersi ***

To Sit

	Presente	Passato Prossimo	Imperfetto	Futuro
io	mi siedo	mi sono seduto/a	mi sedevo	mi siederò
tu	ti siedi	ti sei seduto/a	ti sedevi	ti siederai
lui/lei/Lei	si siede	si è seduto/a	si sedeva	si siederà
noi	ci sediamo	ci siamo seduti/e	ci sedevamo	ci siederemo
voi	vi sedete	vi siete seduti/e	vi sedevate	vi siederete
loro/Loro	si siedono	si sono seduti/e	si sedevano	si siederanno

EXAMPLE: Noi ci siamo seduti molto vicini al palcoscenico.
We got to sit very close to the stage.

Tenere *
To Keep

Io tengo i miei soldi in un salvadanaio.
I keep my money in a piggy bank.

To Keep

	Presente	Passato Prossimo	Imperfetto	Futuro
io	tengo	ho tenuto	tenevo	terrò
tu	tieni	hai tenuto	tenevi	terrai
lui/lei/Lei	tiene	ha tenuto	teneva	terrà
noi	teniamo	abbiamo tenuto	tenevamo	terremo
voi	tenete	avete tenuto	tenevate	terrete
loro/Loro	tengono	hanno tenuto	tenevano	terranno

EXAMPLE: Mi assicurerò di tenere questa lettera per sempre.
I will make sure to keep this letter forever.

Togliere *
To Take Away

Ho tolto la seconda mela e l'ho mangiata.
I took away the second apple and ate it.

To Take Away

	Presente	Passato Prossimo	Imperfetto	Futuro
io	tolgo	ho tolto	toglievo	toglierò
tu	togli	hai tolto	toglievi	toglierai
lui/lei/Lei	toglie	ha tolto	toglieva	toglierà
noi	togliamo	abbiamo tolto	toglievamo	toglieremo
voi	togliete	avete tolto	toglievate	toglierete
loro/Loro	tolgono	hanno tolto	toglievano	toglieranno

EXAMPLE: William può togliere i nastri di troppo sul pacchetto.
William can take away the extra ribbons on the package.

Vedere *
To See

Hai visto cosa è successo qui?
Did you see what happened here?

To See

	Presente	Passato Prossimo	Imperfetto	Futuro
io	vedo	ho visto	vedevo	vedrò
tu	vedi	hai visto	vedevi	vedrai
lui/lei/Lei	vede	ha visto	vedeva	vedrà
noi	vediamo	abbiamo visto	vedevamo	vedremo
voi	vedete	avete visto	vedevate	vedrete
loro/Loro	vedono	hanno visto	vedevano	vedranno

EXAMPLE: Posso vedere le montagne dalla mia finestra.
I can see the mountains from my window.

Vendere
To Sell

Vendevo limonata quando ero bambino.
I sold lemonade when I was a child.

To Sell

	Presente	Passato Prossimo	Imperfetto	Futuro
io	vendo	ho venduto	vendevo	venderò
tu	vendi	hai venduto	vendevi	venderai
lui/lei/Lei	vende	ha venduto	vendeva	venderà
noi	vendiamo	abbiamo venduto	vendevamo	venderemo
voi	vendete	avete venduto	vendevate	venderete
loro/Loro	vendono	hanno venduto	vendevano	venderanno

EXAMPLE: Ha cercato di vendermi un'intera linea di valige.
He tried to sell me an entire line of luggage.

Vincere *
To Win

Il pugilatore ha vinto l'incontro.
The boxer won the match.

To Win

	Presente	Passato Prossimo	Imperfetto	Futuro
io	vinco	ho vinto	vincevo	vincerò
tu	vinci	hai vinto	vincevi	vincerai
lui/lei/Lei	vince	ha vinto	vinceva	vincerà
noi	vinciamo	abbiamo vinto	vincevamo	vinceremo
voi	vincete	avete vinto	vincevate	vincerete
loro/Loro	vincono	hanno vinto	vincevano	vinceranno

EXAMPLE: Giovanni ha vinto l'incontro di pugilato.
John won the boxing match.

Vivere *
To Live

Vivrò fino a cent'anni.
I will live to be 100 years old.

To Live

	Presente	Passato Prossimo	Imperfetto	Futuro
io	vivo	ho vissuto	vivevo	vivrò
tu	vivi	hai vissuto	vivevi	vivrai
lui/lei/Lei	vive	ha vissuto	viveva	vivrà
noi	viviamo	abbiamo vissuto	vivevamo	vivremo
voi	vivete	avete vissuto	vivevate	vivrete
loro/Loro	vivono	hanno vissuto	vivevano	vivranno

EXAMPLE:

Io vivró per sempre.
I will live forever.

Volere *
To Want

Voglio mangiare tutto il barattolo di biscotti.
I want to eat the whole jar of cookies.

To Want

	Presente	Passato Prossimo	Imperfetto	Futuro
io	voglio	ho voluto	volevo	vorrò
tu	vuoi	hai voluto	volevi	vorrai
lui/lei/Lei	vuole	ha voluto	voleva	vorrà
noi	vogliamo	abbiamo voluto	volevamo	vorremo
voi	volete	avete voluto	volevate	vorrete
loro/Loro	vogliono	hanno voluto	volevano	vorranno

EXAMPLE: Voglio un po' di gelato.
I want some gelato.

IRE Verbs

Like both the ARE and ERE verbs, many IRE verbs (i.e. aprire, dormire, partire) follow a particular pattern of conjugation.

Make sure to memorize the IRREGULAR verbs, denoted by an asterisk (*).

IRE Verbs

		Presente	Passato Prossimo	Imperfetto	Futuro
io	I	root + o	avere/essere, root + ito	root + ivo	infin - e, + ò
tu	you	root + i	avere/essere, root + ito	root + ivi	infin - e, + ai
lui/lei/Lei	he/she/you (formal)	root + e	avere/essere, root + ito	root + iva	infin - e, + à
noi	we	root + iamo	avere/essere, root + ito	root + ivamo	infin - e, + emo
voi	you all	root + ite	avere/essere, root + ito	root + ivate	infin - e, + ete
loro/Loro	they/you all (formal)	root + ono	avere/essere, root + ito	root + ivano	infin - e, + anno

Aprire *
To Open

Ho aperto la cassaforte facilmente.
I opened the safe easily.

To Open

	Presente	Passato Prossimo	Imperfetto	Futuro
io	apro	ho aperto	aprivo	aprirò
tu	apri	hai aperto	aprivi	aprirai
lui/lei/Lei	apre	ha aperto	apriva	aprirà
noi	apriamo	abbiamo aperto	aprivamo	apriremo
voi	aprite	avete aperto	aprivate	aprirete
loro/Loro	aprono	hanno aperto	aprivano	apriranno

EXAMPLE: Non riesco ad aprire questa bottiglia d'acqua.
I can't open this bottle of water.

Capire *
To Understand

Ho capito finalmente il problema di matematica.
I finally understood the math question.

Capire *

To Understand

	Presente	Passato Prossimo	Imperfetto	Futuro
io	capisco	ho capito	capivo	capirò
tu	capisci	hai capito	capivi	capirai
lui/lei/Lei	capisce	ha capito	capiva	capirà
noi	capiamo	abbiamo capito	capivamo	capiremo
voi	capite	avete capito	capivate	capirete
loro/Loro	capiscono	hanno capito	capivano	capiranno

EXAMPLE: Non capisco questa equazione di matematica.
I do not understand this math equation.

Dire *
To Say

Lei dice a suo figlio: "Vai a letto!"
She says to her son: "Go to bed!"

To Say

	Presente	Passato Prossimo	Imperfetto	Futuro
io	dico	ho detto	dicevo	dirò
tu	dici	hai detto	dicevi	dirai
lui/lei/Lei	dice	ha detto	diceva	dirà
noi	diciamo	abbiamo detto	dicevamo	diremo
voi	dite	avete detto	dicevate	direte
loro/Loro	dicono	hanno detto	dicevano	diranno

EXAMPLE: Michele ha detto che questo film è buono.
Michael said this was a good film.

Divertirsi *
To Enjoy

La famiglia si é divertita alla festa.
The family had fun at the party together.

Divertirsi *

To Have Fun

	Presente	Passato Prossimo	Imperfetto	Futuro
io	mi diverto	mi sono divertito/a	mi divertivo	mi divertirò
tu	ti diverti	ti sei divertito/a	ti divertivi	ti divertirai
lui/lei/Lei	si diverte	si è divertito/a	si divertiva	si divertirà
noi	ci divertiamo	ci siamo divertiti/e	ci divertivamo	ci divertiremo
voi	vi divertite	vi siete divertiti/e	vi divertivate	vi divertirete
loro/Loro	si divertono	si sono divertiti/e	si divertivano	si divertiranno

EXAMPLE: Mi sono divertito tantissimo alla partita di baseball ieri sera!
I had so much fun last night at the baseball game!

Dormire
To Sleep

Lui dorme 8 ore ogni notte.
He sleeps 8 hours a night.

To Sleep

	Presente	Passato Prossimo	Imperfetto	Futuro
io	dormo	ho dormito	dormivo	dormirò
tu	dormi	hai dormito	dormivi	dormirai
lui/lei/Lei	dorme	ha dormito	dormiva	dormirà
noi	dormiamo	abbiamo dormito	dormivamo	dormiremo
voi	dormite	avete dormito	dormivate	dormirete
loro/Loro	dormono	hanno dormito	dormivano	dormiranno

EXAMPLE: A Leo piace dormire fino a tardi il mattino.
Leo likes to sleep late in the mornings.

Finire *
To Finish

Lei ha finito la gara.
She finished the race.

To Finish/End

	Presente	Passato Prossimo	Imperfetto	Futuro
io	finisco	ho finito	finivo	finirò
tu	finisci	hai finito	finivi	finirai
lui/lei/Lei	finisce	ha finito	finiva	finirà
noi	finiamo	abbiamo finito	finivamo	finiremo
voi	finite	avete finito	finivate	finirete
loro/Loro	finiscono	hanno finito	finivano	finiranno

EXAMPLE: Quando finirai il tuo progetto per la scuola?
When will you finish your project for school?

Offrire
To Offer

La cameriera ha offerto all'uomo un'altra tazza di caffè.
The waitress offered the man another cup of coffee.

To Offer

	Presente	Passato Prossimo	Imperfetto	Futuro
io	offro	ho offerto	offrivo	offrirò
tu	offri	hai offerto	offrivi	offrirai
lui/lei/Lei	offre	ha offerto	offriva	offrirà
noi	offriamo	abbiamo offerto	offrivamo	offriremo
voi	offrite	avete offerto	offrivate	offrirete
loro/Loro	offrono	hanno offerto	offrivano	offriranno

EXAMPLE: Posso offrire una tazza di caffè?
Can I offer you a cup of coffee?

Partire
To Leave

Loro partono per Milano oggi.
They are leaving for Milan today.

To Leave

	Presente	Passato Prossimo	Imperfetto	Futuro
io	parto	sono partito/a	partivo	partirò
tu	parti	sei partito/a	partivi	partirai
lui/lei/Lei	parte	è partito/a	partiva	partirà
noi	partiamo	siamo partiti/e	partivamo	partiremo
voi	partite	siete partiti/e	partivate	partirete
loro/Loro	partono	sono partiti/e	partivano	partiranno

EXAMPLE: Loro sono partiti per il viaggio di nozze dopo la cerimonia.
They left for their honeymoon after the ceremony.

Salire *
To Go Up

Ho usato l'ascensore per salire al piano successivo.
I used the elevator to go up to the next floor.

To Go Up

	Presente	Passato Prossimo	Imperfetto	Futuro
io	salgo	sono salito/a	salivo	salirò
tu	sali	sei salito/a	salivi	salirai
lui/lei/Lei	sale	è salito/a	saliva	salirà
noi	saliamo	siamo saliti/e	salivamo	saliremo
voi	salite	siete saliti/e	salivate	salirete
loro/Loro	salgono	sono saliti/e	salivano	saliranno

EXAMPLE: Per andare in bagno salite al quarto piano e girate a destra.
To get to the bathroom, go up to the 4th floor and turn right.

Scoprire *
To Discover

Il minatore ha scoperto dell'oro vicino al fiume.
The miner discovered gold by the river.

To Discover

	Presente	Passato Prossimo	Imperfetto	Futuro
io	scopro	ho scoperto	scoprivo	scoprirò
tu	scopri	hai scoperto	scoprivi	scoprirai
lui/lei/Lei	scopre	ha scoperto	scopriva	scoprirà
noi	scopriamo	abbiamo scoperto	scoprivamo	scopriremo
voi	scoprite	avete scoperto	scoprivate	scoprirete
loro/Loro	scoprono	hanno scoperto	scoprivano	scopriranno

EXAMPLE: Galileo ha scoperto che il sole era al centro del sistema solare.
Galileo discovered that the sun was the center of the solar system.

Seguire
To Follow

Puoi seguirmi all'ufficio postale.
You can follow me to the post office.

Seguire

To Follow

	Presente	Passato Prossimo	Imperfetto	Futuro
io	seguo	ho seguito	seguivo	seguirò
tu	segui	hai seguito	seguivi	seguirai
lui/lei/Lei	segue	ha seguito	seguiva	seguirà
noi	seguiamo	abbiamo seguito	seguivamo	seguiremo
voi	seguite	avete seguito	seguivate	seguirete
loro/Loro	seguono	hanno seguito	seguivano	seguiranno

EXAMPLE: Per favore, seguite la guida.
Please follow the tour guide.

Sentire
To Hear

Ho sentito un rumore forte.
I heard a loud noise.

To Hear

	Presente	Passato Prossimo	Imperfetto	Futuro
io	sento	ho sentito	sentivo	sentirò
tu	senti	hai sentito	sentivi	sentirai
lui/lei/Lei	sente	ha sentito	sentiva	sentirà
noi	sentiamo	abbiamo sentito	sentivamo	sentiremo
voi	sentite	avete sentito	sentivate	sentirete
loro/Loro	sentono	hanno sentito	sentivano	sentiranno

EXAMPLE: Hai sentito che nevicherà la prossima settimana?
Did you hear there will be snow next week?

Servire

To Serve

Il cameriere ha servito la cena immediatamente.
The waiter served dinner promptly.

To Serve

	Presente	Passato Prossimo	Imperfetto	Futuro
io	servo	ho servito	servivo	servirò
tu	servi	hai servito	servivi	servirai
lui/lei/Lei	serve	ha servito	serviva	servirà
noi	serviamo	abbiamo servito	servivamo	serviremo
voi	servite	avete servito	servivate	servirete
loro/Loro	servono	hanno servito	servivano	serviranno

EXAMPLE: Il cameriere ci ha servito velocemente.
The waiter served us very quickly.

Soffrire *
To Suffer

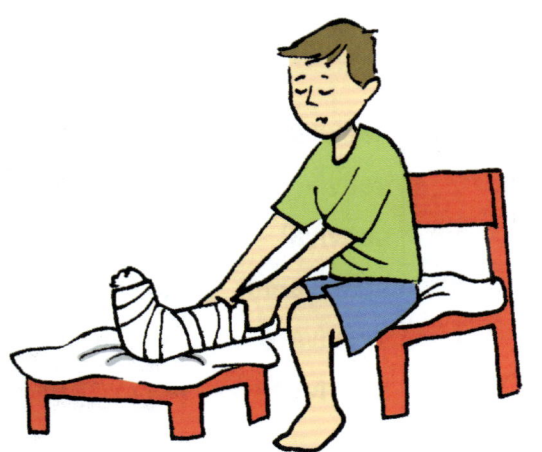

Il ragazzo soffriva per il dolore della gamba rotta.
The boy suffered through the pain of his broken leg.

To Suffer

	Presente	Passato Prossimo	Imperfetto	Futuro
io	soffro	ho sofferto	soffrivo	soffrirò
tu	soffri	hai sofferto	soffrivi	soffrirai
lui/lei/Lei	soffre	ha sofferto	soffriva	soffrirà
noi	soffriamo	abbiamo sofferto	soffrivamo	soffriremo
voi	soffrite	avete sofferto	soffrivate	soffrirete
loro/Loro	soffrono	hanno sofferto	soffrivano	soffriranno

EXAMPLE: Roberto soffriva per una caviglia slogata.
Robert suffered with a sprained ankle.

Sparire *
To Disappear

Il coniglio é sparito.
The rabbit disappeared.

To Disappear

	Presente	Passato Prossimo	Imperfetto	Futuro
io	sparisco	sono sparito/a	sparivo	sparirò
tu	sparisci	sei sparito/a	sparivi	sparirai
lui/lei/Lei	sparisce	è sparito/a	spariva	sparirà
noi	spariamo	siamo spariti/e	sparivamo	spariremo
voi	sparite	siete spariti/e	sparivate	sparirete
loro/Loro	spariscono	sono spariti/e	sparivano	spariranno

EXAMPLE: Non ho potuto trovarti, perché sei sparito nella folla.
I couldn't find you because you disappeared into the crowd.

Uscire *
To Leave/To Go Out

È uscito dal cinema.
He left the movie theater.

To Leave/To Go Out

	Presente	Passato Prossimo	Imperfetto	Futuro
io	esco	sono uscito/a	uscivo	uscirò
tu	esci	sei uscito/a	uscivi	uscirai
lui/lei/Lei	esce	è uscito/a	usciva	uscirà
noi	usciamo	siamo usciti/e	uscivamo	usciremo
voi	uscite	siete usciti/e	uscivate	uscirete
loro/Loro	escono	sono usciti/e	uscivano	usciranno

EXAMPLE: È il compleanno di Charlotte e quindi usciamo.
It is Charlotte's birthday so we are going out.

Venire *
To Come

Lei è venuta alla mia festa di compleanno.
She came to my birthday party.

To Come

	Presente	Passato Prossimo	Imperfetto	Futuro
io	vengo	sono venuto/a	venivo	verrò
tu	vieni	sei venuto/a	venivi	verrai
lui/lei/Lei	viene	è venuto/a	veniva	verrà
noi	veniamo	siamo venuti/e	venivamo	verremo
voi	venite	siete venuti/e	venivate	verrete
loro/Loro	vengono	sono venuti/e	venivano	verranno

EXAMPLE: Verrai per cena?
Are you going to come over for dinner?

Glossary

ARE Verbs

Aiutare	To Help
Alzarsi	To Get Up
Amare	To Love
Andare *	To Go
Arrivare	To Arrive
Ascoltare	To Listen
Cambiare	To Change
Camminare	To Walk
Cantare	To Sing
Cercare	To Look For
Chiamare	To Call
Cominciare	To Begin
Comprare	To Buy
Costare	To Cost
Dare *	To Give
Dimenticare	To Forget
Domandare	To Ask
Fare *	To Do /Make
Fermare	To Stop
Giocare	To Play
Guardare	To Watch
Guidare	To Drive
Imparare	To Meet

Glossary

Incontrare	To Meet
Insegnare	To Teach
Lasciare	To Let
Lavare	To Wash
Lavorare	To Work
Mandare	To Send
Mangiare	To Eat
Nuotare	To Swim
Ordinare	To Order
Pagare	To Pay
Pensare	To Think
Perdonare	To Forgive
Portare	To Bring
Prestare	To Lend
Provare	To Try
Ricordare	To Remember
Riposare	To Rest
Ritornare	To Return
Sembrare	To Look
Sperare	To Open
Stare*	To Stay
Studiare	To Study
Suonare	To Play
Tirare	To Pull
Trattare	To Handle

Glossary

ERE Verbs

Avere*	To Have
Bere*	To Drink
Cadere	To Fall
Chiedere *	To Ask
Chiudere *	To Close
Conoscere	To Know
Correre *	To Run
Credere	To Believe
Dipingere *	To Paint
Discutere *	To Discuss
Dividere *	To Divide
Dovere*	To Have To /Must
Essere*	To Be
Godere	To Enjoy
Leggere *	To Read
Mettere *	To Put
Perdere *	To Lose
Piacere *	To Like /To Please
Piangere *	To Cry
Potere*	To Be Able To

Glossary

Prendere * . . . . To Take
Ridere * . . . . To Laugh
Rompere * . . . . To Break
Sapere * . . . . To Know
Scegliere * . . . . To Choose
Scendere * . . . . To Go Down
Scrivere * . . . . To Write
Sedersi * . . . . To Sit
Tenere * . . . . To Keep
Togliere * . . . . To Take Away
Vedere * . . . . To See
Vendere . . . . To Sell
Vincere * . . . . To Win
Vivere * . . . . To Live
Volere * . . . . To Want

IRE Verbs

Aprire . . . . To Open
Capire * . . . . To Understand
Dire * . . . . To Say
Divertirsi . . . . To Have Fun

Glossary

Dormire . . . . To Sleep
Finire* . . . . To Finish/ To End
Offrire . . . . To Offer
Partire . . . . To Leave
Salire * . . . . To Go Up
Sparire * . . . . To Disappear
Scoprire . . . . To Discover
Seguire . . . . To Follow
Sentire . . . . To Hear
Servire . . . . To Serve
Soffrire . . . . To Suffer
Uscire * . . . . To Leave /To Go Out
Venire * . . . . To Come

NOTES